magical
WORDSEARCH

Capella

This edition published in 2021 by Arcturus Publishing Limited
26/27 Bickels Yard, 151–153 Bermondsey Street,
London SE1 3HA

Copyright © Arcturus Holdings Limited

All rights reserved. No part of this publication may be reproduced, stored in a retrieval system, or transmitted, in any form or by any means, electronic, mechanical, photocopying, recording, or otherwise, without prior written permission in accordance with the provisions of the Copyright Act 1956 (as amended). Any person or persons who do any unauthorized act in relation to this publication may be liable to criminal prosecution and civil claims for damages.

Author: Ivy Finnegan
Designers: Rosie Bellwood and Ms. Mousepenny
Illustrator: Natasha Rimmington

ISBN: 978-1-3988-1028-0
CH010016NT
Supplier 33, Date 0921, Print run 11496

Printed in China

It's a Kind of Magic

- BROOMSTICK
- CAST
- CAULDRON
- ENCHANTMENT
- MYSTERY
- PHOENIX
- POTION
- ROBES
- SPELL
- SWISH
- WAND
- WISH

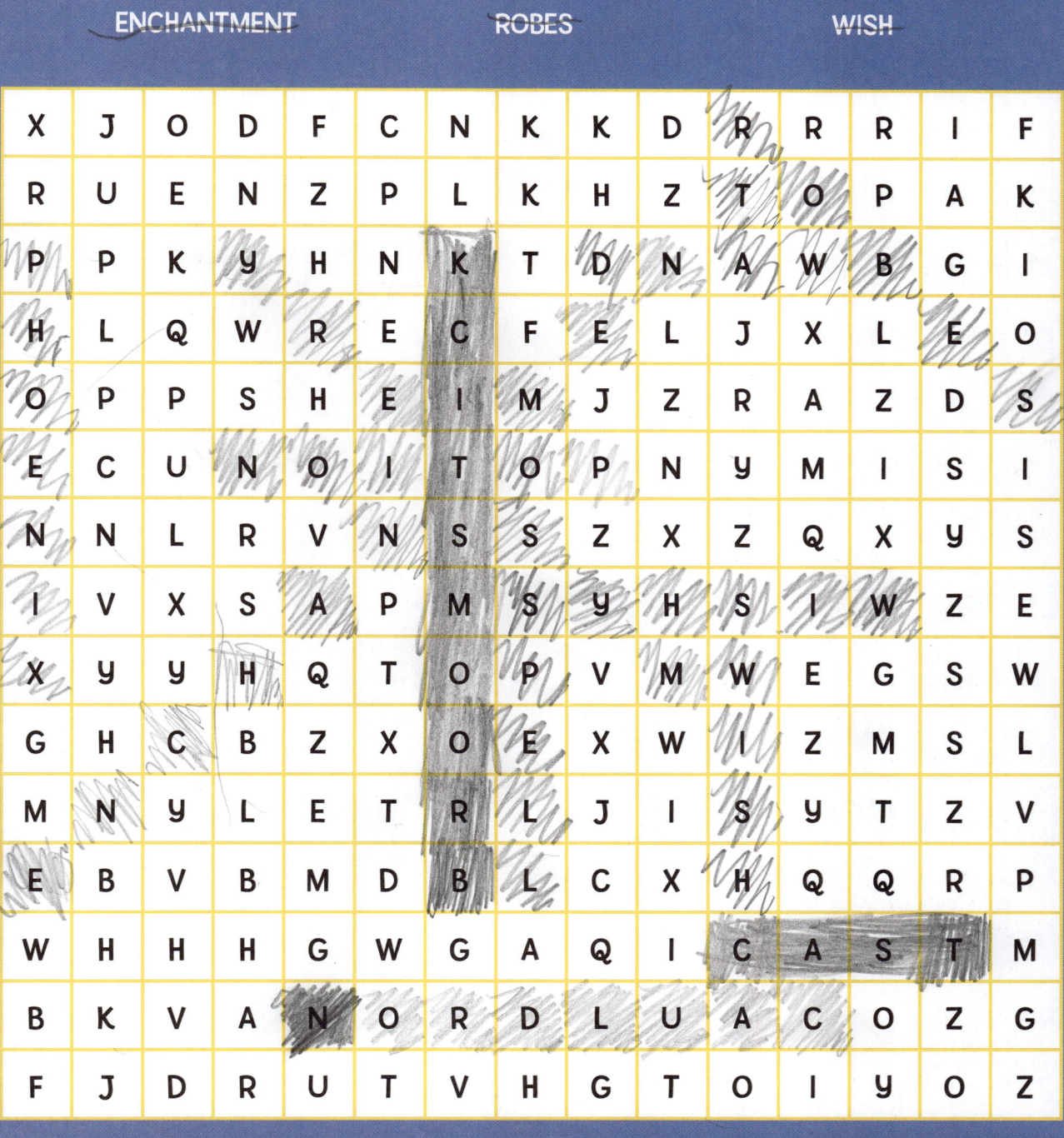

X	J	O	D	F	C	N	K	K	D	R	R	R	I	F
R	U	E	N	Z	P	L	K	H	Z	T	O	P	A	K
P	P	K	Y	H	N	K	T	D	N	A	W	B	G	I
H	L	Q	W	R	E	C	F	E	L	J	X	L	E	O
O	P	P	S	H	E	I	M	J	Z	R	A	Z	D	S
E	C	U	N	O	I	T	O	P	N	Y	M	I	S	I
N	N	L	R	V	N	S	S	Z	X	Z	Q	X	Y	S
I	V	X	S	A	P	M	S	Y	H	S	I	W	Z	E
X	Y	Y	H	Q	T	O	P	V	M	W	E	G	S	W
G	H	C	B	Z	X	O	E	X	W	I	Z	M	S	L
M	N	Y	L	E	T	R	L	J	I	S	Y	T	Z	V
E	B	V	B	M	D	B	L	C	X	H	Q	Q	R	P
W	H	H	H	G	W	G	A	Q	I	C	A	S	T	M
B	K	V	A	N	O	R	D	L	U	A	C	O	Z	G
F	J	D	R	U	T	V	H	G	T	O	I	Y	O	Z

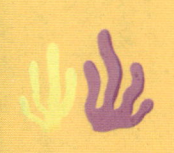

Mermaid Friends

CORAL
FINS
MUSIC
OCEAN

SEA KING
SEASHELL
SINGING
STARFISH

SWIMMING
TAIL
TRIDENT
UNDERWATER

P	L	A	S	N	F	X	B	S	T	C	I	X	P	O
G	O	U	I	T	M	Y	E	X	S	B	O	E	Y	I
C	R	I	N	A	K	A	P	A	M	B	S	R	I	W
T	G	C	G	F	K	T	R	I	D	E	N	T	A	D
A	M	A	I	I	I	K	C	X	Y	A	L	I	Y	L
G	H	P	N	X	M	U	S	I	C	W	P	L	P	N
V	V	G	G	U	N	D	E	R	W	A	T	E	R	I
J	S	S	D	W	G	O	C	Z	A	N	A	G	Z	H
F	D	Y	N	N	M	O	W	I	C	L	C	C	S	U
X	W	F	Y	P	O	B	A	A	O	S	N	I	F	K
X	S	W	I	M	M	I	N	G	U	C	F	D	O	L
A	W	S	E	A	S	H	E	L	L	R	E	W	U	N
R	U	W	P	X	S	P	F	J	A	E	A	A	X	B
F	Y	G	P	T	A	I	L	T	X	P	C	S	N	R
I	I	D	J	Y	S	H	S	R	Y	M	E	N	K	Q

BFF Sleepover

BEST FRIENDS
HAIRBRUSH
NAIL POLISH
HOT CHOCOLATE

KARAOKE
MIDNIGHT FEAST
MOVIES
PAJAMAS

POPCORN
SCARY STORIES
SLEEPING BAG
TOOTHBRUSH

V	H	S	I	F	W	R	Q	D	F	A	D	S	S	Q
S	L	E	E	P	I	N	G	B	A	G	G	S	I	C
A	T	I	D	J	H	W	J	P	G	K	C	B	T	W
V	V	R	B	E	S	T	F	R	I	E	N	D	S	Y
O	H	O	T	C	H	O	C	O	L	A	T	E	A	O
Q	S	T	K	R	S	D	S	R	Y	H	K	W	E	S
E	I	S	A	P	S	G	E	C	G	S	H	J	F	A
T	G	Y	Y	O	L	K	I	Z	Z	I	A	E	T	M
F	R	R	Q	P	O	I	V	R	U	L	I	K	H	A
K	C	A	W	C	S	Z	O	C	T	O	R	O	G	J
V	Q	C	V	O	F	U	M	A	S	P	B	A	I	A
X	D	S	X	R	O	E	P	Q	T	L	R	R	N	P
T	Z	M	H	N	O	W	F	Q	T	I	U	A	D	R
H	S	U	R	B	H	T	O	O	T	A	S	K	I	W
L	E	C	S	W	S	H	M	A	G	N	H	P	M	M

Witch Friends

ARADIA
BEATRIX
CIRCE
CORDELIA
EVANORA
GULLVEIG
MARGERY
MINERVA
OPHELIA
SYBIL
THEODORA
URSULA

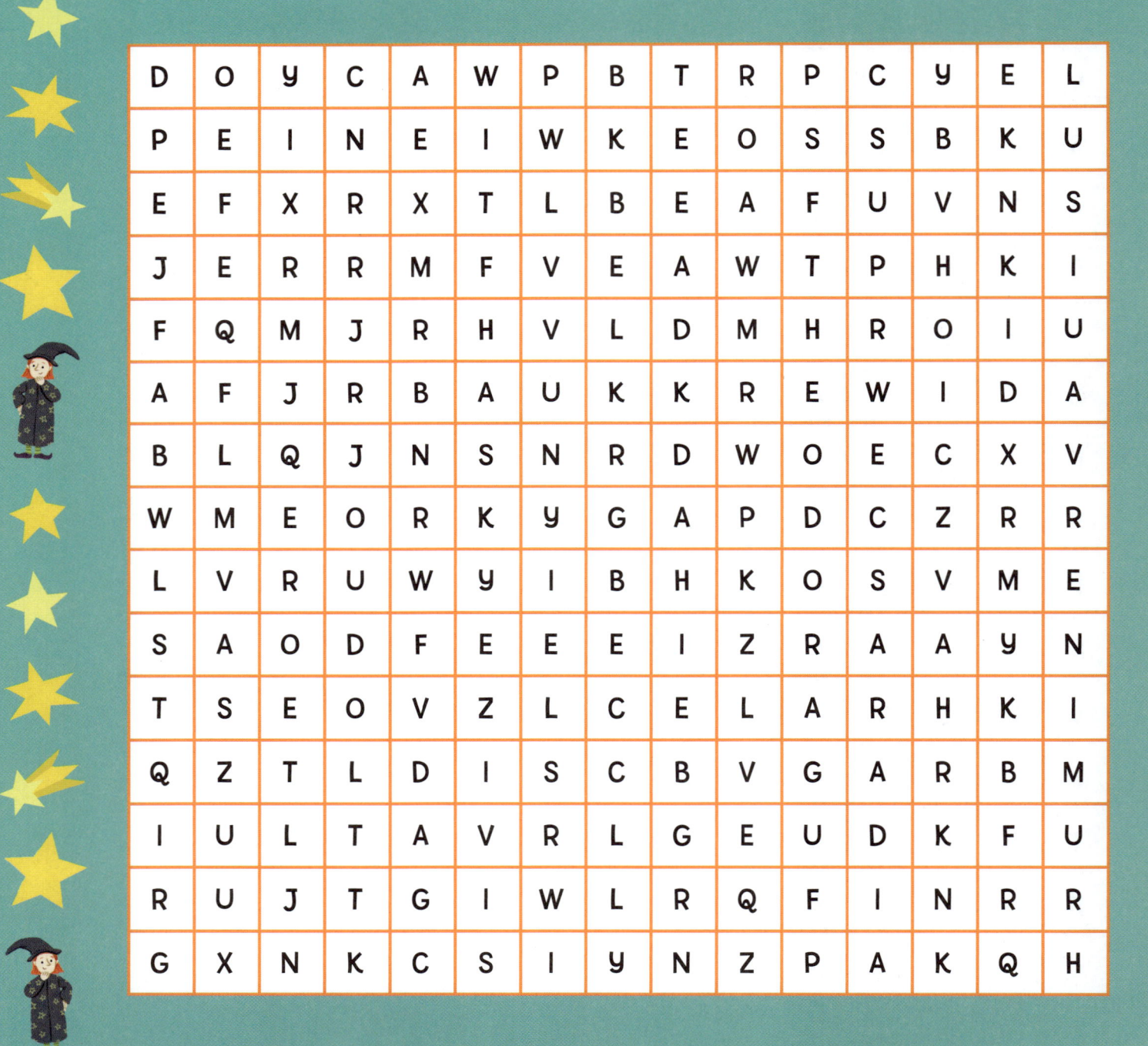

D	O	Y	C	A	W	P	B	T	R	P	C	Y	E	L
P	E	I	N	E	I	W	K	E	O	S	S	B	K	U
E	F	X	R	X	T	L	B	E	A	F	U	V	N	S
J	E	R	R	M	F	V	E	A	W	T	P	H	K	I
F	Q	M	J	R	H	V	L	D	M	H	R	O	I	U
A	F	J	R	B	A	U	K	K	R	E	W	I	D	A
B	L	Q	J	N	S	N	R	D	W	O	E	C	X	V
W	M	E	O	R	K	Y	G	A	P	D	C	Z	R	R
L	V	R	U	W	Y	I	B	H	K	O	S	V	M	E
S	A	O	D	F	E	E	E	I	Z	R	A	A	Y	N
T	S	E	O	V	Z	L	C	E	L	A	R	H	K	I
Q	Z	T	L	D	I	S	C	B	V	G	A	R	B	M
I	U	L	T	A	V	R	L	G	E	U	D	K	F	U
R	U	J	T	G	I	W	L	R	Q	F	I	N	R	R
G	X	N	K	C	S	I	Y	N	Z	P	A	K	Q	H

Forest Friends

BADGER
BROWNIE
DORMOUSE
FAIRY

GOLDFINCH
KOALA
NAIAD
SQUIRREL

PUCK
SAND LIZARD
TAWNY OWL
WOODMOUSE

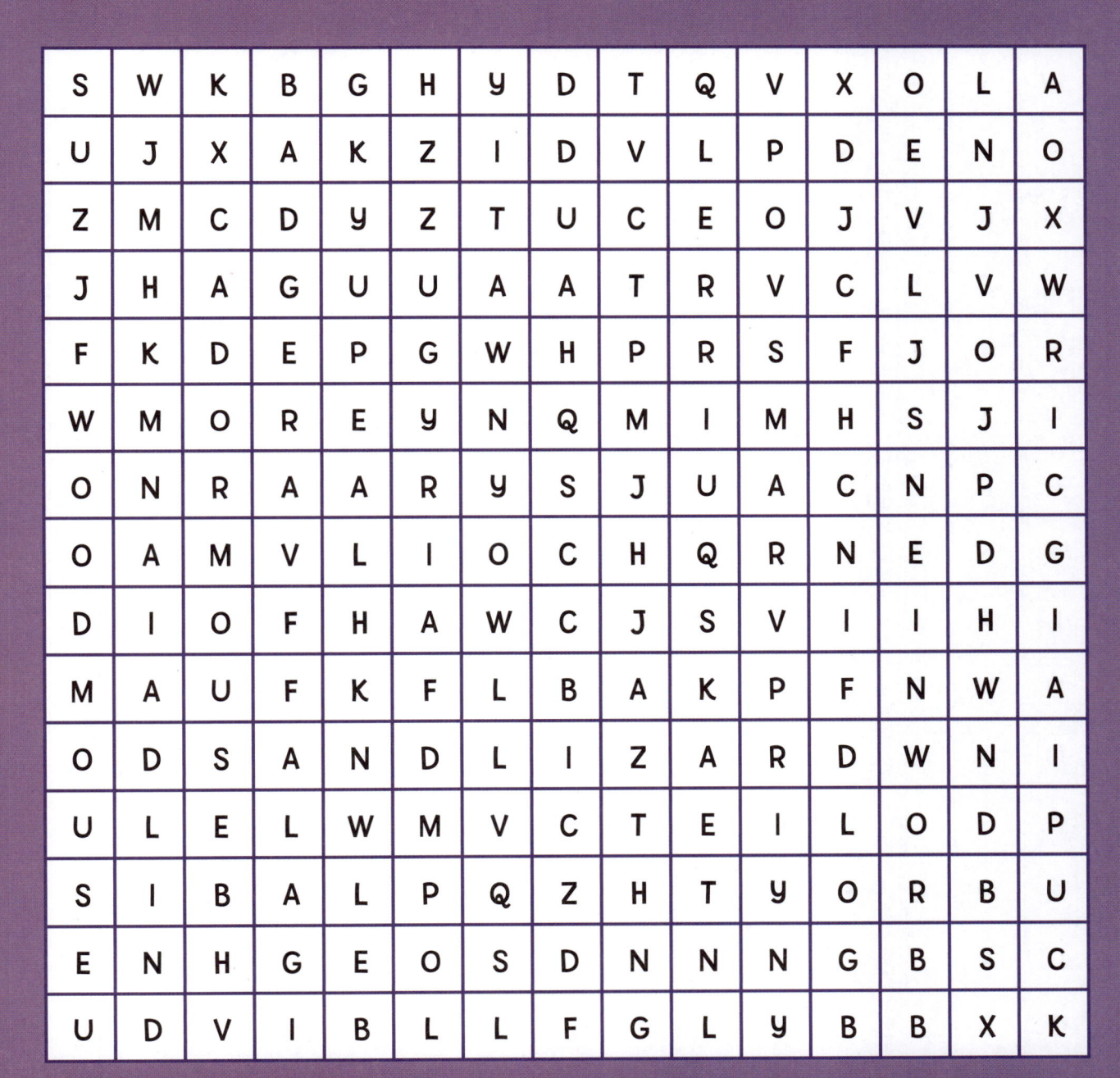

S	W	K	B	G	H	Y	D	T	Q	V	X	O	L	A
U	J	X	A	K	Z	I	D	V	L	P	D	E	N	O
Z	M	C	D	Y	Z	T	U	C	E	O	J	V	J	X
J	H	A	G	U	U	A	A	T	R	V	C	L	V	W
F	K	D	E	P	G	W	H	P	R	S	F	J	O	R
W	M	O	R	E	Y	N	Q	M	I	M	H	S	J	I
O	N	R	A	A	R	Y	S	J	U	A	C	N	P	C
O	A	M	V	L	I	O	C	H	Q	R	N	E	D	G
D	I	O	F	H	A	W	C	J	S	V	I	I	H	I
M	A	U	F	K	F	L	B	A	K	P	F	N	W	A
O	D	S	A	N	D	L	I	Z	A	R	D	W	N	I
U	L	E	L	W	M	V	C	T	E	I	L	O	D	P
S	I	B	A	L	P	Q	Z	H	T	Y	O	R	B	U
E	N	H	G	E	O	S	D	N	N	G	B	S	C	
U	D	V	I	B	L	L	F	G	L	Y	B	B	X	K

Magical Places

ALFHEIMR
ATLANTIS
AVALON
CHOCOLATE HILLS

COCKAIGNE
DRAGON PALACE
EL DORADO
ELYSIUM

LOCH NESS
STARRY PLAIN
TIR NA NOG
ZERZURA

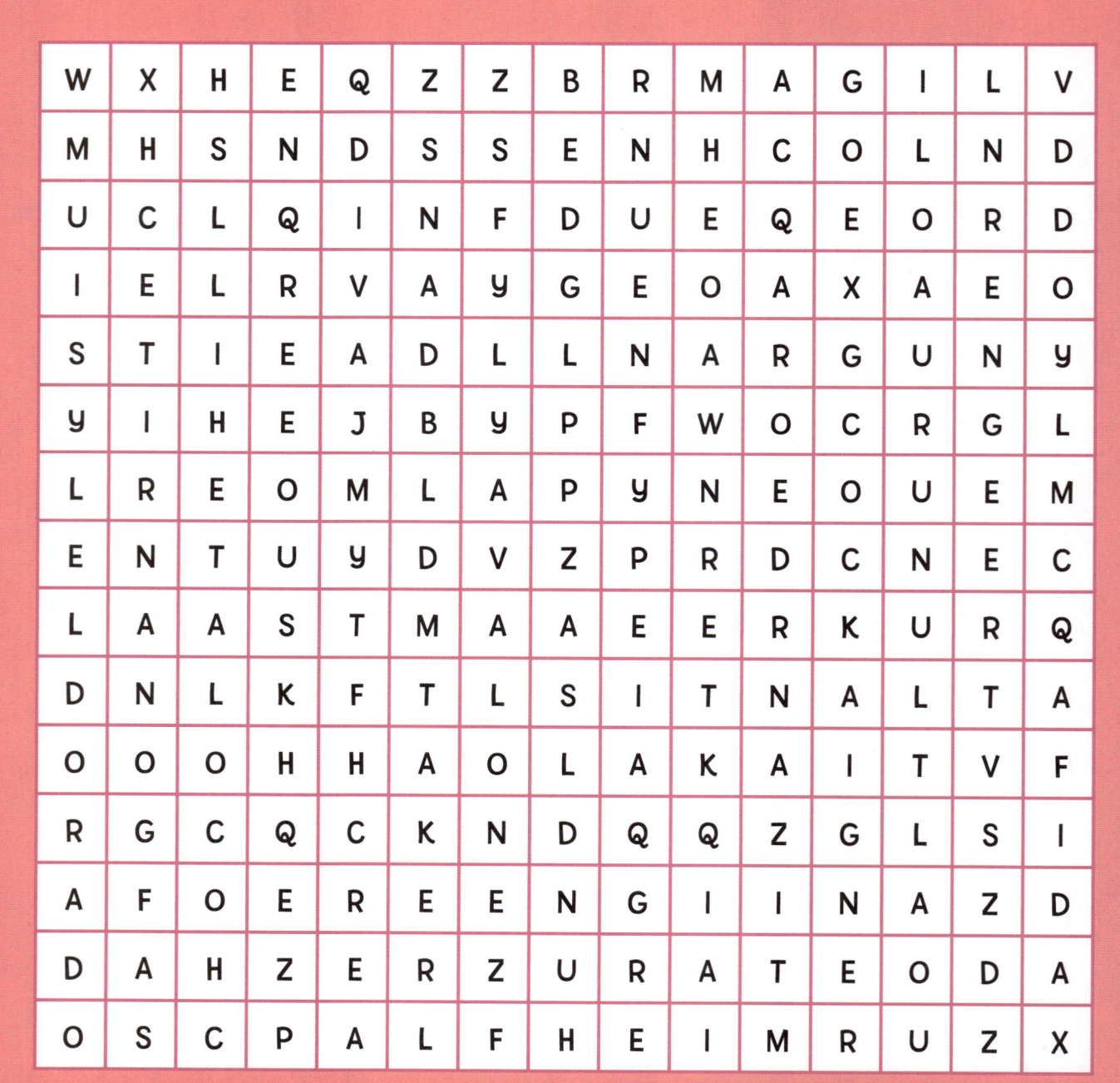

W	X	H	E	Q	Z	Z	B	R	M	A	G	I	L	V
M	H	S	N	D	S	S	E	N	H	C	O	L	N	D
U	C	L	Q	I	N	F	D	U	E	Q	E	O	R	D
I	E	L	R	V	A	Y	G	E	O	A	X	A	E	O
S	T	I	E	A	D	L	L	N	A	R	G	U	N	Y
Y	I	H	E	J	B	Y	P	F	W	O	C	R	G	L
L	R	E	O	M	L	A	P	Y	N	E	O	U	E	M
E	N	T	U	Y	D	V	Z	P	R	D	C	N	E	C
L	A	A	S	T	M	A	A	E	E	R	K	U	R	Q
D	N	L	K	F	T	L	S	I	T	N	A	L	T	A
O	O	O	H	H	A	O	L	A	K	A	I	T	V	F
R	G	C	Q	C	K	N	D	Q	Q	Z	G	L	S	I
A	F	O	E	R	E	E	N	G	I	I	N	A	Z	D
D	A	H	Z	E	R	Z	U	R	A	T	E	O	D	A
O	S	C	P	A	L	F	H	E	I	M	R	U	Z	X

Feeling Good

AMUSED
BRAVE
CONFIDENT
DIGNIFIED

DREAMY
FANTASTIC
GRATEFUL
HAPPY

JOYFUL
MELLOW
PLAYFUL
THOUGHTFUL

L	S	L	U	F	Y	A	L	P	P	X	G	X	V	N
C	O	U	A	G	J	U	H	L	Y	I	D	T	C	V
N	I	F	K	L	C	C	I	Q	P	A	B	N	G	H
D	L	T	E	S	S	C	K	D	P	R	N	E	F	W
O	C	H	S	L	U	F	E	T	A	R	G	D	S	O
X	F	G	D	A	D	V	V	V	H	D	D	I	C	L
B	T	U	E	J	T	Z	E	D	T	S	W	F	O	L
I	R	O	I	N	H	N	B	F	R	E	Y	N	J	E
E	W	H	F	F	I	T	A	O	T	M	Y	O	M	M
S	V	T	I	L	C	U	I	F	A	E	F	C	A	J
U	B	J	N	L	S	X	K	E	B	I	V	E	R	Z
S	M	W	G	R	Q	F	R	C	G	I	D	Q	N	X
J	E	W	I	J	R	D	N	V	A	W	K	D	M	I
T	C	L	D	N	V	E	I	L	U	F	Y	O	J	A
U	A	M	U	S	E	D	R	Y	L	Q	U	Y	S	U

Snack Attack!

BANANA SPLIT
CHERRIES
CHOCOLATE BAR
CUPCAKE

FRUIT CUP
ICE CREAM
LEMONADE
MILKSHAKE

NECTARINES
PINK POPCORN
POPPING CANDY
SUMMER BERRIES

I	I	K	P	H	E	Y	K	N	R	E	T	I	N	N
T	C	R	C	C	L	D	U	H	F	C	M	F	E	R
I	E	K	S	H	Q	N	M	R	G	O	I	R	C	O
G	C	H	N	E	O	A	Q	U	V	G	L	U	T	C
U	R	N	E	R	J	C	X	S	X	D	K	I	A	P
J	E	F	D	R	Y	G	O	L	X	M	S	T	R	O
C	A	N	A	I	G	N	E	L	I	U	H	C	I	P
U	M	P	N	E	M	I	B	N	A	N	A	U	N	K
P	Z	X	O	S	S	P	I	Y	G	T	K	P	E	N
C	J	N	M	T	R	P	L	D	Y	X	E	A	S	I
A	S	G	E	P	V	O	O	E	H	X	I	B	W	P
K	K	T	L	X	H	P	M	M	P	T	P	J	A	B
E	N	E	A	P	Q	O	K	S	E	H	C	V	T	R
B	T	U	F	T	I	L	P	S	A	N	A	N	A	B
S	E	I	R	R	E	B	R	E	M	M	U	S	D	I

Famous Witches

BROOMHILDA JADIS SABRINA
DELIA LIZZY SAMANTHA
GLINDA MALEFICENT STREGA NONA
HERMIONE GRANGER MORGAN LE FAY WILMA

E	Z	R	C	L	O	P	J	A	M	L	I	W	D	U
U	N	E	A	G	B	R	O	O	M	H	I	L	D	A
G	F	G	J	L	H	H	A	G	U	Z	Z	A	A	M
C	N	N	S	P	X	D	I	Y	Z	Z	I	L	N	V
Y	Z	A	I	E	U	G	L	N	S	B	W	H	O	K
M	O	R	G	A	N	L	E	F	A	Y	G	O	N	M
F	C	G	D	Y	Q	E	D	P	B	O	L	K	A	D
W	A	E	Z	G	J	G	M	Y	R	P	I	A	G	Z
F	A	N	J	A	C	V	G	V	I	D	N	P	E	D
B	Y	O	D	Y	Q	K	O	P	N	S	D	X	R	O
R	Y	I	R	M	S	T	A	Q	A	E	A	X	T	U
R	S	M	M	A	L	E	F	I	C	E	N	T	S	Q
H	U	R	A	J	S	D	W	H	S	E	R	Q	P	Y
D	B	E	Y	I	E	W	K	H	V	G	L	R	A	E
A	Y	H	O	A	V	R	S	A	M	A	N	T	H	A

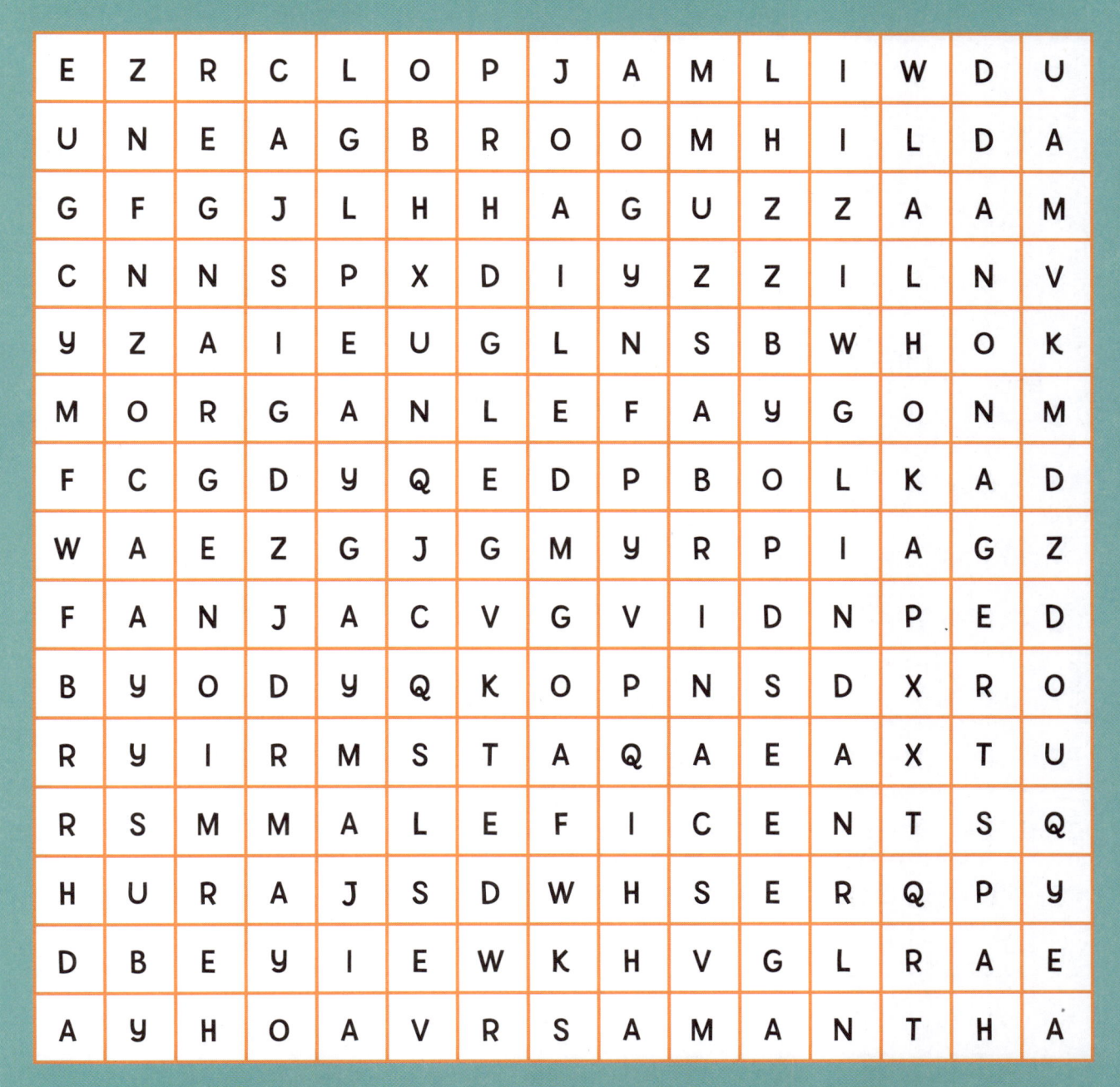

Dragon Time

ADVENTURE DIGNITY STRONG
BRILLIANT FIRE-BREATHING TAIL
CASTLE GEMS TREASURE
CAVE SCALES WINGS

E	W	T	A	Z	U	T	R	E	A	S	U	R	E	F
L	E	R	Z	M	Q	I	O	T	N	G	M	R	F	J
T	X	W	H	L	T	E	N	Y	L	N	E	I	I	T
S	U	F	K	W	M	A	T	G	Y	I	M	V	Z	B
A	Z	Z	A	U	I	I	M	A	Q	W	A	U	W	Z
C	V	H	O	L	N	F	X	D	I	X	O	T	F	Y
A	O	N	L	G	K	J	P	V	Z	R	F	X	N	G
V	I	I	I	A	Y	I	G	E	O	U	C	K	T	F
E	R	D	L	S	T	R	O	N	G	S	V	Z	M	B
B	H	C	K	P	C	Z	L	T	E	W	A	Z	B	B
E	P	H	B	L	V	X	S	U	M	S	H	K	Q	Y
V	E	X	V	E	W	P	S	R	S	N	D	Y	K	W
E	O	G	N	I	H	T	A	E	R	B	E	R	I	F
V	S	S	E	L	A	C	S	D	U	S	O	S	D	V
H	Q	W	X	C	X	T	E	M	H	E	C	B	J	I

Umbrella Weather

CLOUDY
DRIZZLE
LIGHTNING
MIST

PUDDLES
RAIN
SHOWER
SNOWFALL

SPLASH
SPLISH
THUNDER
WIND

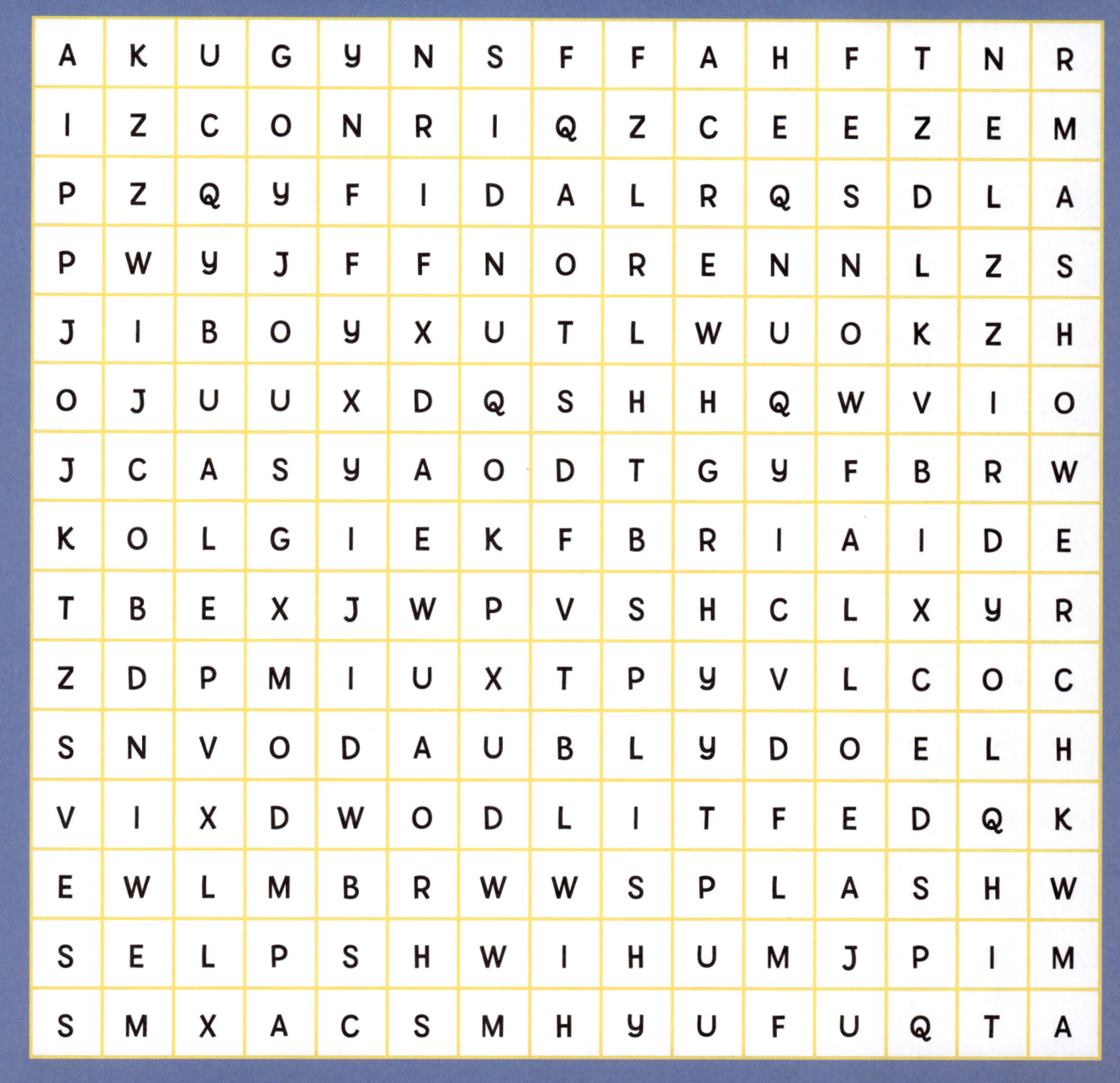

A	K	U	G	Y	N	S	F	F	A	H	F	T	N	R
I	Z	C	O	N	R	I	Q	Z	C	E	E	Z	E	M
P	Z	Q	Y	F	I	D	A	L	R	Q	S	D	L	A
P	W	Y	J	F	F	N	O	R	E	N	N	L	Z	S
J	I	B	O	Y	X	U	T	L	W	U	O	K	Z	H
O	J	U	U	X	D	Q	S	H	H	Q	W	V	I	O
J	C	A	S	Y	A	O	D	T	G	Y	F	B	R	W
K	O	L	G	I	E	K	F	B	R	I	A	I	D	E
T	B	E	X	J	W	P	V	S	H	C	L	X	Y	R
Z	D	P	M	I	U	X	T	P	Y	V	L	C	O	C
S	N	V	O	D	A	U	B	L	Y	D	O	E	L	H
V	I	X	D	W	O	D	L	I	T	F	E	D	Q	K
E	W	L	M	B	R	W	W	S	P	L	A	S	H	W
S	E	L	P	S	H	W	I	H	U	M	J	P	I	M
S	M	X	A	C	S	M	H	Y	U	F	U	Q	T	A

13

Fairy Garden

ACORN CUP
BUTTERFLY
DUST
ELVES

ENCHANTED
FAIRY RING
FLOWERS
GNOMES

MAGIC
SPARKLY
TOADSTOOL
WINGS

M	Y	A	W	A	C	R	L	Y	K	K	N	A	F	P
R	H	S	S	E	M	O	N	G	Y	Y	Y	K	T	B
O	Q	Y	R	M	V	H	S	E	M	Q	L	V	T	L
W	X	S	Y	E	E	M	K	O	F	U	F	R	D	J
S	E	V	L	E	W	M	B	X	O	L	R	H	Y	X
Q	Z	T	K	C	F	O	U	C	Q	O	E	V	C	R
J	A	D	R	I	P	D	L	F	P	O	T	J	J	I
F	B	H	A	G	T	E	E	F	U	T	T	J	E	M
A	F	S	P	A	O	J	L	T	C	S	U	Q	D	Y
E	J	R	S	M	I	I	S	U	N	D	B	A	O	Q
L	X	E	T	E	W	O	G	H	R	A	T	N	X	S
D	G	Z	K	S	N	G	N	E	O	O	H	U	B	W
O	K	O	M	B	U	E	I	T	C	T	T	C	M	Z
H	F	T	U	L	H	D	W	J	A	X	O	H	N	M
Q	T	G	N	I	R	Y	R	I	A	F	N	L	G	E

Cupcake Chef

BAKING
BRIGHT
CHOCOLATE
FROSTING

RED VELVET
SHARING
SPARKLES
SPRINKLES

STRAWBERRY
SWEET
TREAT
VANILLA

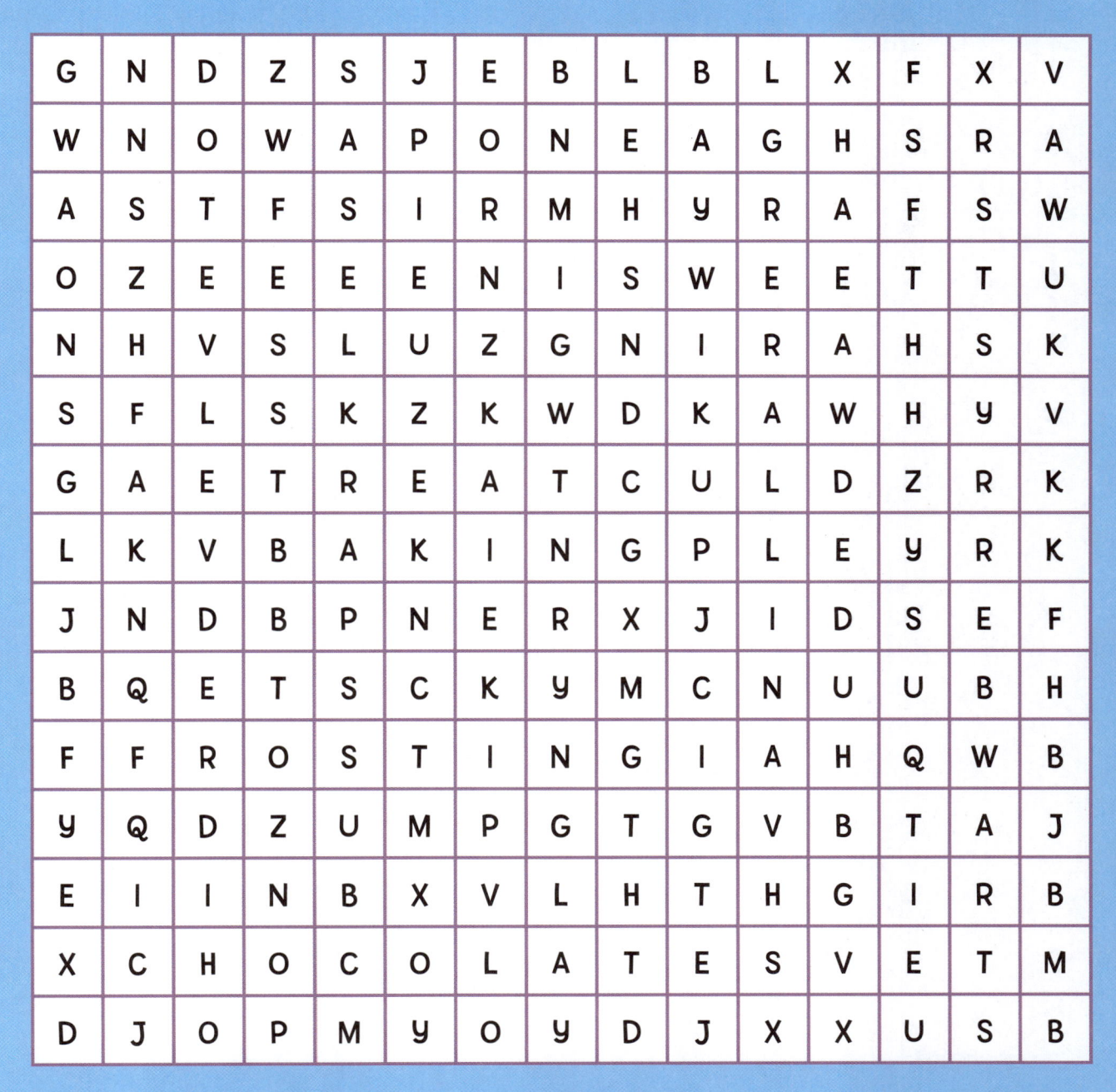

G	N	D	Z	S	J	E	B	L	B	L	X	F	X	V
W	N	O	W	A	P	O	N	E	A	G	H	S	R	A
A	S	T	F	S	I	R	M	H	Y	R	A	F	S	W
O	Z	E	E	E	E	N	I	S	W	E	E	T	T	U
N	H	V	S	L	U	Z	G	N	I	R	A	H	S	K
S	F	L	S	K	Z	K	W	D	K	A	W	H	Y	V
G	A	E	T	R	E	A	T	C	U	L	D	Z	R	K
L	K	V	B	A	K	I	N	G	P	L	E	Y	R	K
J	N	D	B	P	N	E	R	X	J	I	D	S	E	F
B	Q	E	T	S	C	K	Y	M	C	N	U	U	B	H
F	F	R	O	S	T	I	N	G	I	A	H	Q	W	B
Y	Q	D	Z	U	M	P	G	T	G	V	B	T	A	J
E	I	I	N	B	X	V	L	H	T	H	G	I	R	B
X	C	H	O	C	O	L	A	T	E	S	V	E	T	M
D	J	O	P	M	Y	O	Y	D	J	X	X	U	S	B

Mermaid Class

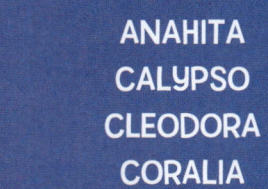

ANAHITA DELPHIN MELODY
CALYPSO LUNA   NERIDA
CLEODORA MADELINE OCEANE
CORALIA MARINA   SEREIA

Z	W	J	A	P	A	H	O	S	P	Y	L	A	C	M
Q	D	D	T	C	R	N	H	F	H	O	A	S	O	K
B	A	E	U	I	E	A	W	X	Z	E	R	F	J	J
W	N	C	L	R	Q	K	I	N	K	N	L	I	O	U
W	I	U	I	P	G	H	U	E	N	I	K	W	C	U
N	R	D	Y	K	H	M	R	B	R	L	X	B	E	N
W	A	N	B	C	T	I	P	Z	O	E	C	D	A	N
S	M	H	J	O	I	R	N	A	J	D	S	O	N	T
M	C	U	A	I	X	Y	A	R	V	A	Y	M	E	B
E	O	U	K	F	P	T	V	O	F	M	C	E	F	C
O	R	J	K	J	I	A	I	D	S	L	T	L	G	R
F	A	Z	L	H	G	N	X	O	K	I	E	O	L	V
Y	L	U	A	A	Y	U	X	E	K	N	A	D	H	J
P	I	N	T	E	M	L	L	L	P	W	F	Y	F	M
R	A	W	D	A	W	F	A	C	X	S	V	I	K	E

Let's Fly Away!

ALICORN
BREEZE
CLOUDS
EFFORTLESS
FLUTTERING
GLIDING
GOSSAMER
MAJESTIC
MOONLIGHT
PEGACORN
PEGASUS
WINGS

G	N	A	M	T	J	E	A	P	Q	V	T	T	T	G
N	R	N	A	P	Z	P	S	S	L	N	M	M	H	N
E	M	W	P	E	E	Z	E	P	R	Y	X	U	G	I
K	P	K	E	G	T	G	F	N	W	H	I	X	I	D
Z	N	R	A	L	X	D	F	R	B	O	N	W	L	I
G	B	S	G	S	Q	H	O	O	S	G	R	C	N	L
O	U	W	I	N	G	S	R	C	A	C	O	V	O	G
S	N	I	W	C	I	P	T	I	U	L	C	O	O	G
S	O	S	N	K	I	R	L	L	Q	O	A	F	M	E
A	G	S	U	L	H	T	E	A	F	U	G	V	S	R
M	W	F	F	V	D	U	S	T	W	D	E	L	I	A
E	M	T	V	H	P	N	S	E	T	S	P	U	W	J
R	S	Q	N	R	B	G	S	O	J	U	C	W	J	J
G	Y	T	C	V	V	D	U	C	E	A	L	D	X	G
U	N	I	G	L	K	F	H	T	Y	T	M	F	M	T

Witches' Familiars

ALITA
CORDELIA
GRIMALKIN
JINX

LOCASTA
SALEM
TABATHA
THACKERY BINX

TITUBA
TRIXIE
WILLOW
ZELDA

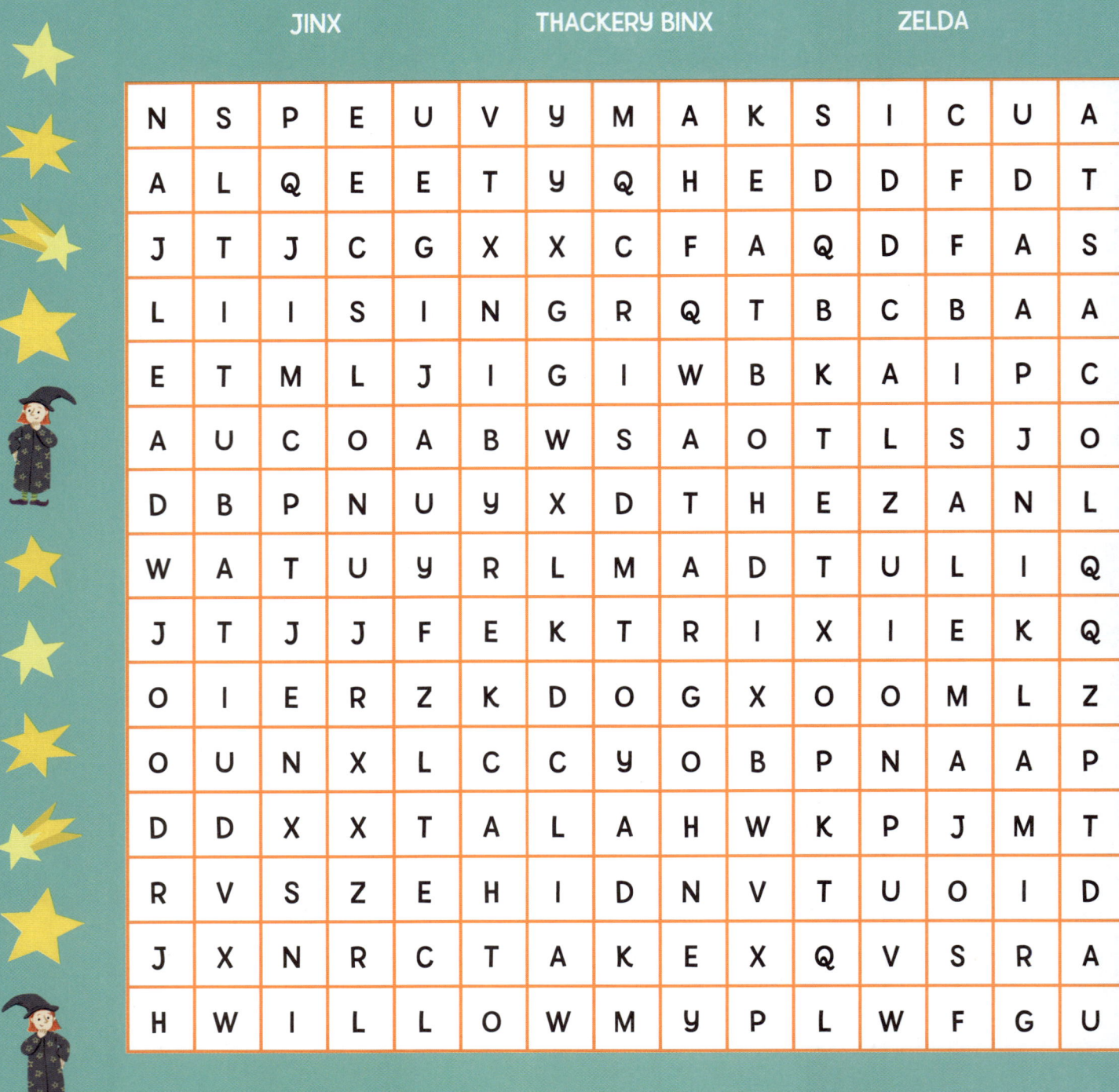

N	S	P	E	U	V	Y	M	A	K	S	I	C	U	A
A	L	Q	E	E	T	Y	Q	H	E	D	D	F	D	T
J	T	J	C	G	X	X	C	F	A	Q	D	F	A	S
L	I	I	S	I	N	G	R	Q	T	B	C	B	A	A
E	T	M	L	J	I	G	I	W	B	K	A	I	P	C
A	U	C	O	A	B	W	S	A	O	T	L	S	J	O
D	B	P	N	U	Y	X	D	T	H	E	Z	A	N	L
W	A	T	U	Y	R	L	M	A	D	T	U	L	I	Q
J	T	J	J	F	E	K	T	R	I	X	I	E	K	Q
O	I	E	R	Z	K	D	O	G	X	O	O	M	L	Z
O	U	N	X	L	C	C	Y	O	B	P	N	A	A	P
D	D	X	X	T	A	L	A	H	W	K	P	J	M	T
R	V	S	Z	E	H	I	D	N	V	T	U	O	I	D
J	X	N	R	C	T	A	K	E	X	Q	V	S	R	A
H	W	I	L	L	O	W	M	Y	P	L	W	F	G	U

A Dragon's Life

- CAVE
- EGGS
- FAMILY
- FIRE-BREATHING
- FLYING
- GOLD
- HATCHLING
- JEWELS
- ROAR
- SCALES
- STORY TELLING
- WINGS

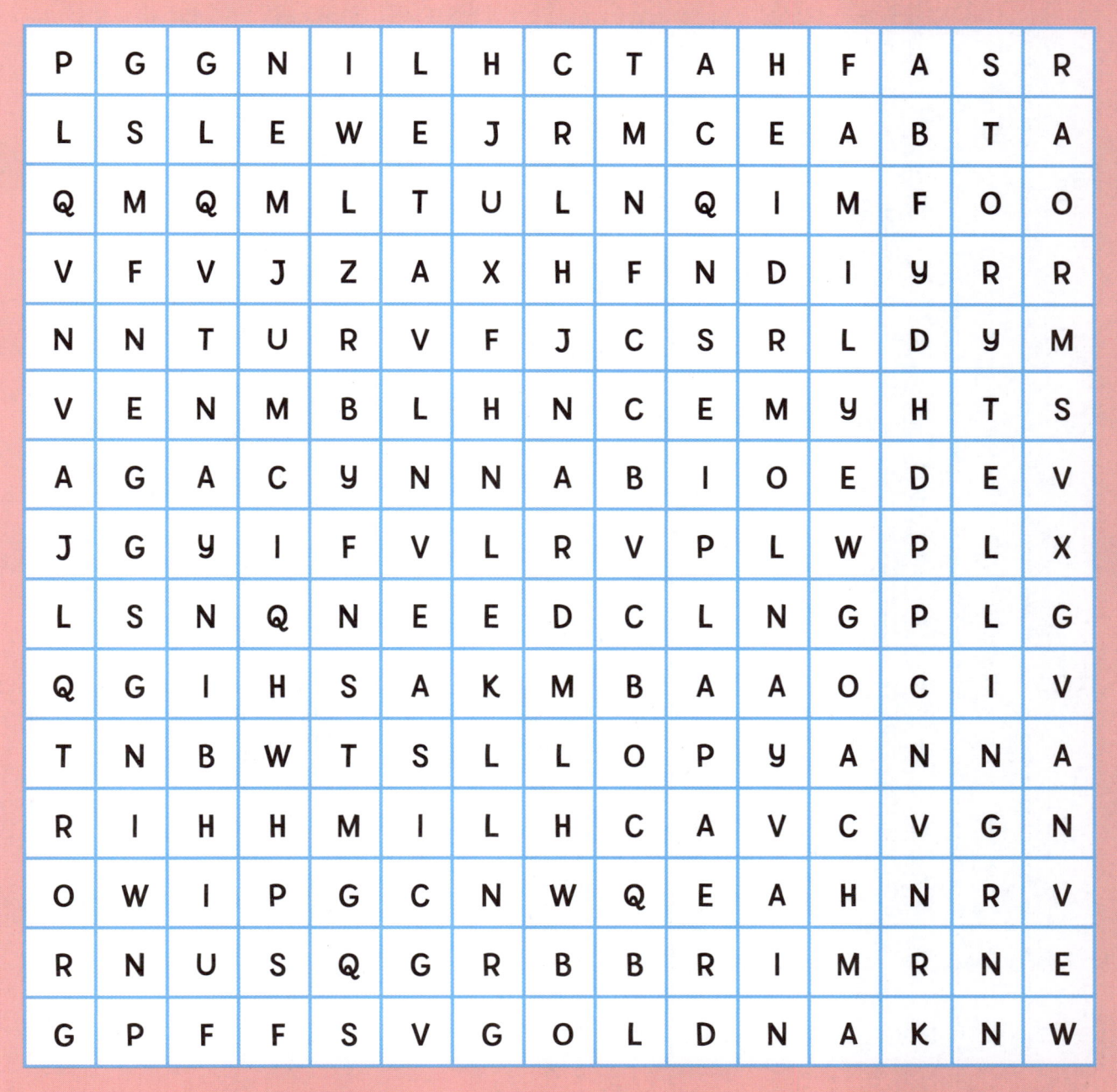

P	G	G	N	I	L	H	C	T	A	H	F	A	S	R
L	S	L	E	W	E	J	R	M	C	E	A	B	T	A
Q	M	Q	M	L	T	U	L	N	Q	I	M	F	O	O
V	F	V	J	Z	A	X	H	F	N	D	I	Y	R	R
N	N	T	U	R	V	F	J	C	S	R	L	D	Y	M
V	E	N	M	B	L	H	N	C	E	M	Y	H	T	S
A	G	A	C	Y	N	N	A	B	I	O	E	D	E	V
J	G	Y	I	F	V	L	R	V	P	L	W	P	L	X
L	S	N	Q	N	E	E	D	C	L	N	G	P	L	G
Q	G	I	H	S	A	K	M	B	A	A	O	C	I	V
T	N	B	W	T	S	L	L	O	P	Y	A	N	N	A
R	I	H	H	M	I	L	H	C	A	V	C	V	G	N
O	W	I	P	G	C	N	W	Q	E	A	H	N	R	V
R	N	U	S	Q	G	R	B	B	R	I	M	R	N	E
G	P	F	F	S	V	G	O	L	D	N	A	K	N	W

Celebrations!

CEREMONY
FAMILY
FEAST
FIESTA

FIREWORKS
FOOD
GIFT-GIVING
HOLIDAY

LIGHTS
PARTY
THANKFUL
TOGETHER

F	A	M	I	L	Y	T	L	H	B	N	I	Z	R	V
F	D	F	I	R	E	W	O	R	K	S	V	Z	F	R
B	M	C	L	P	X	L	G	X	D	N	S	M	V	E
H	I	W	O	N	I	U	I	X	H	Y	A	A	W	H
R	X	M	H	D	N	R	F	Y	A	F	T	T	I	T
Y	T	M	A	H	E	Z	T	X	L	C	B	S	B	E
M	T	Y	A	T	Y	H	G	C	F	O	H	E	X	G
O	O	Y	F	Y	V	W	I	Y	J	Z	A	I	N	O
Q	D	P	A	R	T	Y	V	Z	X	P	L	F	M	T
Q	X	P	S	T	H	G	I	L	A	O	Z	Y	H	J
A	R	F	L	U	F	K	N	A	H	T	V	B	A	V
A	T	O	Q	A	C	S	G	V	I	Y	F	K	X	P
Y	N	O	M	E	R	E	C	Y	A	V	E	M	A	J
M	R	D	X	Q	G	M	I	R	S	W	E	G	B	P
F	E	A	S	T	V	N	S	U	H	P	T	L	X	G

Deer Friends

ANTLERS FAWN RABBIT
BUCK HORN SCRAPE
DOE LEAP VELVET
FALLOW NOCTURNAL WHITETAIL

X	B	V	P	Z	T	E	V	L	E	V	T	Q	L	F
J	F	R	S	T	B	L	K	N	R	J	N	E	S	C
U	C	D	U	F	L	J	W	C	D	G	A	Y	B	I
L	Q	D	D	O	E	J	S	D	U	P	V	L	B	S
R	X	C	T	W	V	G	F	K	I	B	L	I	X	D
L	C	W	H	I	T	E	T	A	I	L	S	H	V	O
N	W	A	F	N	B	T	F	G	V	W	S	H	X	Q
G	X	A	Z	O	L	B	T	S	G	O	O	Q	Q	V
Z	U	M	N	C	P	I	A	C	M	L	Z	N	S	O
Z	H	S	J	T	I	P	C	R	P	L	S	Y	W	I
Z	Y	O	G	U	L	A	Q	A	E	A	V	D	X	L
P	M	T	R	R	C	E	O	P	K	F	I	U	C	S
Y	L	Q	J	N	V	Y	R	E	K	D	V	Y	D	C
E	O	W	W	A	J	H	S	S	O	G	I	M	N	J
Z	S	R	Q	L	R	M	F	B	I	E	D	U	A	Q

Under a Spell

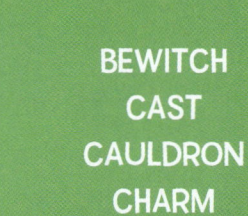

BEWITCH
CAST
CAULDRON
CHARM

CONJURE
ENCHANTMENT
HERBS
INCANTATION

INVOCATION
MAGICAL
RELEASE
WAND

G	Z	M	Z	V	H	Z	W	Q	C	P	B	D	T	J
X	R	P	C	H	H	C	T	I	W	E	B	Q	N	A
F	Y	D	H	H	A	E	R	U	J	N	O	C	C	J
Q	U	C	A	U	L	D	R	O	N	O	D	L	U	E
N	L	P	E	R	W	X	D	R	N	N	A	Y	N	M
Q	K	T	B	T	G	C	E	M	G	C	E	C	J	W
U	S	N	X	C	W	L	S	U	I	F	H	P	L	H
B	J	E	Q	H	E	N	P	G	H	A	G	L	C	T
N	O	I	T	A	T	N	A	C	N	I	H	C	Y	H
X	D	P	S	R	J	M	K	T	C	A	S	T	M	S
D	B	E	P	M	M	A	M	C	N	I	A	L	F	B
B	Z	V	B	I	H	E	Z	K	F	K	X	W	F	R
N	Q	V	H	N	N	W	S	G	N	O	F	A	T	E
E	N	O	I	T	A	C	O	V	N	I	P	N	E	H
J	A	C	T	A	F	U	Z	W	Y	O	E	D	R	I

Star Bright

COMET
CONSTELLATION
GALAXY
LIGHT

NIGHT SKY
SHIMMER
SHOOTING
STARGAZING

TELESCOPE
TWINKLE
UNIVERSE
WISHING

T	W	U	Q	Y	W	M	P	E	E	B	R	E	S	U
E	S	F	H	N	L	I	G	H	T	O	L	K	H	N
N	K	U	C	H	C	M	T	E	C	K	S	P	I	I
C	R	E	U	B	O	I	L	Q	N	T	I	G	M	V
W	F	M	X	H	N	E	W	I	C	M	N	D	M	E
J	L	C	Y	F	S	O	W	P	P	I	R	Y	E	R
L	B	Y	B	C	T	T	J	I	Z	R	E	V	R	S
J	L	T	O	Q	E	C	D	A	S	A	J	H	R	E
T	Y	P	W	A	L	P	G	B	N	H	N	C	L	B
T	E	S	I	O	L	R	B	B	R	V	I	F	X	B
E	R	K	P	G	A	L	A	X	Y	Y	Y	Q	N	O	L
M	A	D	X	T	T	C	Z	H	L	G	D	D	G	T
O	F	X	S	N	I	G	H	T	S	K	Y	J	N	O
C	H	I	S	H	O	O	T	I	N	G	S	F	E	S
K	J	O	I	Y	N	V	R	V	G	Y	Q	Z	R	L

Beach Party

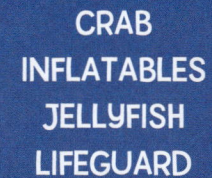

CRAB
INFLATABLES
JELLYFISH
LIFEGUARD

MERMAID
PICNIC
SANDCASTLE
SUNGLASSES

SURFBOARD
SWIMMING COSTUME
TURTLE
WAVE

B	O	A	Z	H	Q	C	R	C	A	N	E	G	G	B
G	J	D	J	Y	A	P	H	W	P	D	M	L	M	A
D	I	H	S	I	F	Y	L	L	E	J	U	G	W	R
D	S	O	E	R	R	W	A	V	E	M	T	N	R	C
J	E	L	T	S	A	C	D	N	A	S	S	X	S	O
D	R	A	O	B	F	R	U	S	W	P	O	D	A	L
T	G	W	U	H	S	L	S	I	I	Q	C	W	U	R
X	E	T	E	C	L	W	F	C	C	Q	G	F	H	R
E	E	V	J	O	Z	N	N	M	F	S	N	K	I	T
L	M	G	Y	R	U	I	T	E	E	E	I	Q	I	V
T	D	L	P	V	C	T	J	W	A	R	M	N	E	W
R	R	D	R	A	U	G	E	F	I	L	M	X	S	T
U	S	E	L	B	A	T	A	L	F	N	I	A	M	T
T	J	D	H	F	H	I	I	F	S	S	W	G	I	A
P	I	Y	Z	S	U	N	G	L	A	S	S	E	S	D

Magical Creatures

BROWNIE GNOME PIXIE
DRAGON GOBLIN SPRITE
ELF MERMAID WITCH
FAIRY PHOENIX WIZARD

B	A	L	B	T	N	D	W	P	D	J	D	P	U	H
D	C	I	Z	N	R	C	H	K	D	Y	O	K	E	Z
P	V	S	N	A	G	O	W	Z	D	P	Q	L	U	B
A	A	Q	G	K	E	Z	F	R	I	I	U	B	R	W
Z	R	O	E	N	L	R	W	L	A	X	T	E	B	N
R	N	Q	I	I	F	D	M	D	M	I	Z	K	V	R
T	T	X	W	R	N	M	B	P	R	E	R	O	V	X
J	L	S	N	U	Z	W	G	K	E	A	O	A	T	H
M	D	O	U	Y	V	B	O	A	M	G	Z	F	P	Z
A	J	R	R	J	R	R	E	R	A	S	H	I	N	K
C	N	X	U	M	Y	L	M	R	B	P	V	T	W	N
H	O	G	R	V	R	X	O	Y	L	R	Q	C	I	S
J	Y	G	O	B	L	I	N	Y	Q	I	A	J	T	U
F	A	I	R	Y	S	C	G	F	H	T	N	W	C	X
Y	I	L	R	T	U	Z	R	T	Q	E	O	Q	H	V

Herbal Magic

BIRCH SHOOTS
BUCKTHORN
CATKIN
CRAB APPLE

FENNEL
HORNBEAM
LACELEAF
MOONFLOWERS

MOSS
PEPPERMINT
PINE BUDS
SAGE

J	C	J	O	N	W	M	A	E	B	N	R	O	H	T
A	K	W	U	J	Y	Y	B	W	P	F	M	Q	I	P
G	R	F	Q	B	I	N	I	K	T	A	C	A	C	I
B	U	C	K	T	H	O	R	N	K	R	T	O	P	N
R	N	D	M	P	A	T	C	P	S	M	A	A	N	E
L	E	N	N	E	F	O	H	E	C	O	C	J	N	B
E	Y	W	G	E	T	O	S	P	V	O	Y	Z	J	U
L	H	X	L	G	I	X	H	P	P	N	S	O	Z	D
P	T	Z	A	A	Y	B	O	E	G	F	W	H	T	S
P	I	Z	C	S	E	K	O	R	N	L	S	S	O	M
A	N	R	E	B	F	G	T	M	P	O	J	Y	C	S
B	V	I	L	O	H	U	S	I	E	W	E	M	Z	S
A	V	Z	E	E	C	D	C	N	F	E	W	Q	S	K
R	J	C	A	N	O	B	Q	T	R	R	N	K	D	Q
C	B	P	F	R	A	X	A	F	X	S	B	B	E	H

Fairground Rides

CAROUSEL
DODGEM CARS
DROP TOWER
FERRIS WHEEL
HELTER SKELTER
MERRY-GO-ROUND
OCTOPUS
PIRATE SHIP
RIVER RAPIDS
ROLLERCOASTER
TEACUPS
TILT-A-WHIRL

D	O	D	G	E	M	C	A	R	S	F	L	X	S	E
T	O	Z	T	I	L	T	A	W	H	I	R	L	R	R
E	S	D	I	P	A	R	R	E	V	I	R	J	Z	E
G	Y	L	S	Q	H	Q	E	M	A	V	J	H	S	T
F	S	P	U	C	A	E	T	Q	R	U	U	X	X	L
E	S	O	K	M	R	E	W	O	T	P	O	R	D	E
R	R	O	L	L	E	R	C	O	A	S	T	E	R	K
R	M	B	F	P	S	U	P	O	T	C	O	Q	F	S
I	I	U	R	A	I	E	L	H	V	Q	K	F	Y	R
S	D	E	L	X	O	J	V	Q	I	O	S	C	A	E
W	Y	M	E	R	R	Y	G	O	R	O	U	N	D	T
H	E	J	C	P	I	R	A	T	E	S	H	I	P	L
E	L	E	S	U	O	R	A	C	V	A	B	Z	F	E
E	M	P	P	C	S	G	Y	B	Z	P	O	O	M	H
L	T	F	O	Z	X	G	J	C	C	I	B	U	A	H

Showtime

ACTORS
APPLAUSE
AUDIENCE
COMEDY

COSTUMES
DIRECTOR
DRAMA
FLOODLIGHTS

MUSICAL
PLAY
SCRIPT
STAGE

B	F	L	J	F	I	Q	N	W	D	B	I	T	J	P
A	O	H	F	D	G	P	T	T	Z	R	A	E	E	L
O	M	P	K	X	H	F	J	Y	Q	F	D	G	R	V
I	X	U	L	F	L	O	O	D	L	I	G	H	T	S
G	M	W	S	A	J	U	H	O	S	E	I	Q	T	C
J	J	Q	E	I	Y	D	S	E	M	U	T	S	O	C
J	S	W	Y	Z	C	T	I	C	B	I	W	T	E	H
M	U	T	J	D	A	A	B	R	R	S	N	E	P	N
N	P	A	Z	G	E	S	L	Q	E	I	G	E	G	Q
D	F	S	E	M	D	M	V	L	D	C	P	M	T	I
U	V	M	H	N	K	V	O	R	Q	C	T	T	T	M
V	I	Y	V	U	G	W	A	C	A	H	K	O	P	Z
S	R	O	T	C	A	M	C	O	B	U	M	C	R	K
N	M	U	V	Z	A	P	P	L	A	U	S	E	B	J
R	U	A	U	D	I	E	N	C	E	U	A	X	A	U

Solutions

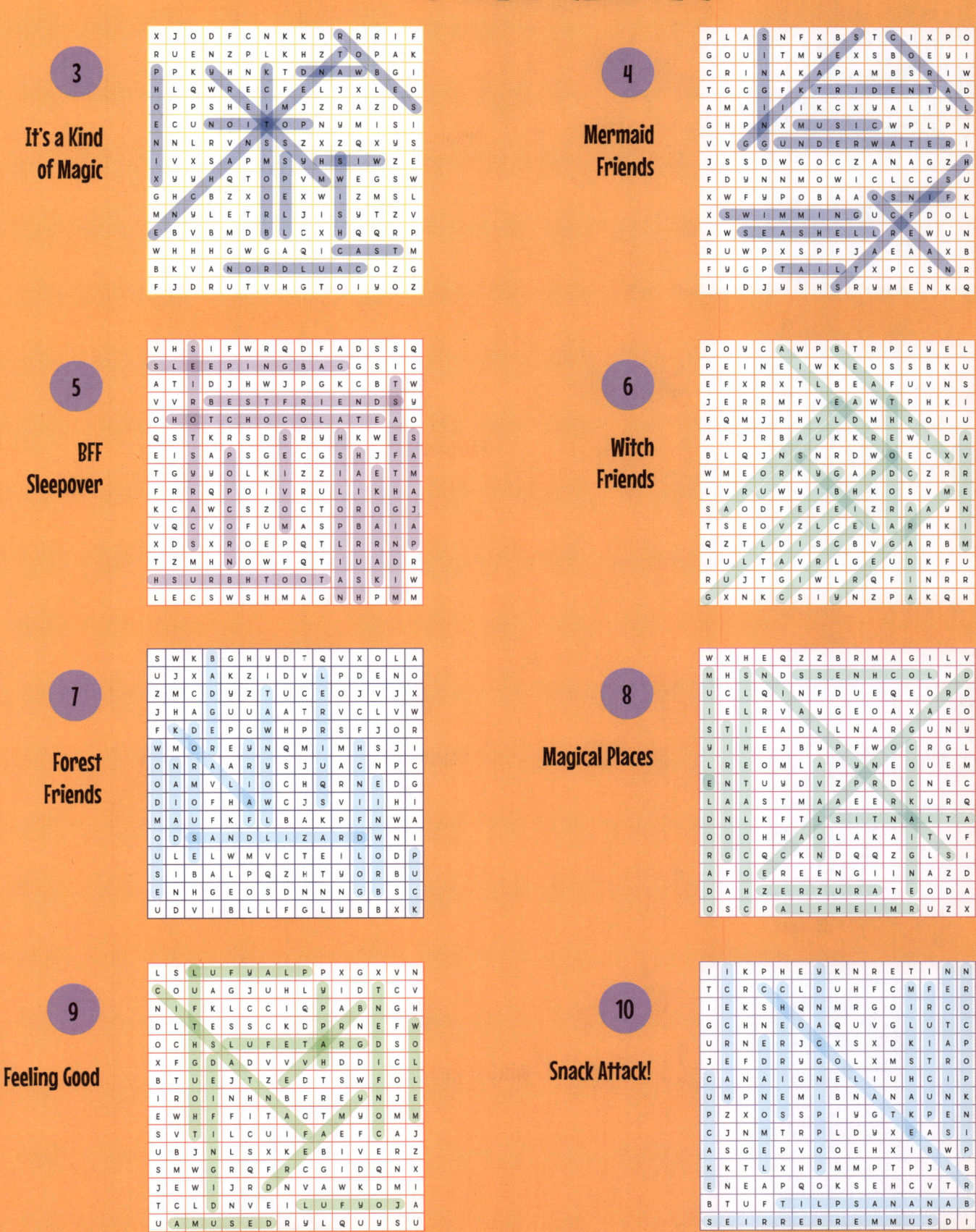

3 — It's a Kind of Magic

4 — Mermaid Friends

5 — BFF Sleepover

6 — Witch Friends

7 — Forest Friends

8 — Magical Places

9 — Feeling Good

10 — Snack Attack!

11 — Famous Witches

E	Z	R	C	L	O	P	J	A	M	L	I	W	D	U
U	N	E	A	G	B	R	O	O	M	H	I	L	D	A
G	F	G	J	L	H	H	A	G	U	Z	Z	A	A	M
C	N	N	S	P	X	D	I	Y	Z	Z	I	L	N	V
Y	Z	A	I	E	U	G	L	N	S	B	W	H	O	K
M	O	R	G	A	N	L	E	F	A	Y	G	O	N	M
F	C	G	D	Y	Q	E	D	P	B	O	L	K	A	D
W	A	E	Z	G	J	G	M	Y	R	P	I	A	G	Z
F	A	N	J	A	C	V	G	V	I	D	N	P	E	D
B	Y	O	D	Y	Q	K	O	P	N	S	D	X	R	O
R	Y	I	R	M	S	T	A	Q	A	E	A	X	T	U
R	S	M	M	A	L	E	F	I	C	E	N	T	S	Q
H	U	R	A	J	S	D	W	H	S	E	R	Q	P	Y
D	B	E	V	I	E	W	K	H	V	G	L	R	A	E
A	Y	H	O	A	V	R	S	A	M	A	N	T	H	A

12 — Dragon Time

E	W	T	A	Z	U	T	R	E	A	S	U	R	E	F
L	E	R	Z	M	Q	I	O	T	N	G	M	R	F	J
T	X	W	H	L	T	E	N	Y	L	N	E	I	I	T
S	U	F	K	W	M	A	T	G	Y	I	M	V	Z	B
A	Z	Z	A	U	I	M	A	Q	W	A	U	W	Z	Y
C	V	H	O	L	N	F	X	D	I	X	O	T	F	Y
A	O	N	L	G	K	J	P	V	Z	R	F	X	N	G
V	I	I	A	Y	I	G	E	O	U	C	K	T	F	C
E	R	D	L	S	T	R	O	N	G	S	V	Z	M	B
B	H	C	K	P	C	Z	L	T	E	W	A	Z	B	R
E	P	H	B	L	V	X	S	U	M	S	H	K	Q	Y
V	E	X	V	E	W	P	S	R	S	N	D	Y	K	W
E	O	G	N	I	H	T	A	E	R	B	E	R	I	F
V	S	S	E	L	A	C	S	D	U	S	O	S	D	V
H	Q	W	X	C	X	T	E	M	H	E	C	B	J	I

13 — Umbrella Weather

A	K	U	G	Y	N	S	F	F	A	H	F	T	N	R
I	Z	C	O	N	R	I	Q	Z	C	E	E	Z	E	M
P	Z	Y	F	I	D	A	L	R	Q	S	D	L	A	Q
W	Y	J	E	N	O	R	E	N	N	L	Z	S	J
J	I	B	O	Y	X	U	T	L	W	U	O	K	Z	H
O	J	U	U	X	D	L	W	U	P	V	W	V	I	O
J	C	A	S	Y	A	O	D	T	G	Y	F	B	R	W
K	O	L	G	I	E	K	F	B	R	I	A	I	D	E
T	B	E	X	J	W	P	V	S	H	C	L	X	Y	F
Z	D	P	M	I	U	X	T	P	Y	V	L	C	O	C
S	N	V	O	D	A	U	B	L	Y	D	O	E	L	H
V	I	X	K	D	W	O	D	L	I	T	F	E	D	Q
E	W	L	M	B	R	W	W	S	P	L	A	S	H	W
S	E	L	P	S	H	W	I	H	U	M	J	P	I	M
S	M	X	A	C	S	M	H	Y	U	F	U	Q	T	A

14 — Fairy Garden

M	Y	A	W	A	C	R	L	Y	K	K	N	A	F	P
R	H	S	S	E	M	O	N	G	Y	Y	Y	K	T	B
O	Q	Y	R	M	V	H	S	E	M	Q	L	V	T	L
W	X	S	Y	E	E	M	K	O	F	U	F	R	D	J
S	E	V	L	E	W	M	B	X	O	L	R	N	Y	H
Q	Z	T	K	C	F	O	U	C	Q	O	E	V	C	R
J	A	D	R	I	P	D	L	F	P	O	T	J	J	I
F	B	H	A	G	T	E	E	F	U	T	T	J	E	M
A	F	S	P	A	O	J	L	T	C	S	U	Q	D	Y
E	J	R	S	M	I	I	S	U	N	D	B	A	O	Q
L	X	E	T	E	W	O	G	H	R	A	T	N	X	S
D	G	Z	K	S	N	G	N	E	O	O	H	U	B	W
O	K	O	M	B	U	E	I	T	C	T	T	C	M	Z
H	F	T	U	L	H	D	W	J	A	X	O	H	N	M
Q	T	G	N	I	R	Y	R	I	A	F	N	L	G	E

15 — Cupcake Chef

G	N	D	Z	S	J	E	B	L	B	L	X	F	X	V
W	N	O	W	A	P	O	N	E	A	G	H	S	R	A
A	S	T	F	S	I	R	M	H	Y	R	A	F	S	W
O	Z	E	E	E	E	N	I	S	W	E	E	T	T	U
N	H	V	S	L	U	Z	G	N	I	R	A	H	S	K
S	F	L	S	K	Z	K	W	D	K	A	W	H	Y	O
U	G	A	E	T	R	E	A	T	C	U	L	D	Z	R
L	K	V	B	A	K	I	N	G	P	L	E	Y	R	K
J	N	D	B	P	N	E	R	X	J	I	D	S	E	F
B	Q	E	T	S	C	K	Y	M	C	N	U	U	B	H
F	F	R	O	S	T	I	N	G	I	A	H	Q	W	B
Y	Q	D	Z	U	M	P	G	T	G	V	B	T	A	J
E	I	I	N	B	X	V	L	H	T	H	G	I	R	B
X	C	H	O	C	O	L	A	T	E	S	V	E	T	M
D	J	O	P	M	Y	O	Y	D	J	X	X	U	S	B

16 — Mermaid Class

Z	W	J	A	P	A	H	O	S	P	Y	L	A	C	M
Q	D	D	T	C	R	N	H	F	H	O	A	S	O	K
B	A	E	U	I	E	A	W	X	Z	E	R	F	J	J
W	N	C	L	R	Q	K	I	N	K	N	L	I	Q	U
W	I	U	P	G	H	U	E	N	I	K	W	C	W	U
M	A	M	T	V	K	M	R	B	R	L	X	B	E	N
W	A	N	B	C	T	P	Z	O	E	C	D	A	N
S	M	H	J	O	I	R	N	A	J	D	S	O	N	T
M	C	U	A	I	X	Y	A	R	V	A	Y	M	E	B
E	O	U	K	F	P	T	V	O	F	M	C	E	F	C
O	R	J	K	J	I	A	I	D	S	L	T	L	G	R
F	A	Z	L	H	G	N	X	O	K	I	E	O	L	V
Y	L	U	A	A	Y	U	X	E	K	N	A	D	H	J
P	I	N	T	E	M	L	L	L	P	W	F	Y	F	M
R	A	W	D	A	W	F	A	C	X	S	V	I	K	E

17 — Let's Fly Away!

G	N	A	M	T	J	E	A	P	A	Q	V	T	T	T	G
N	R	N	A	P	Z	P	S	S	L	N	M	M	H	N
E	M	W	P	E	E	Z	E	P	R	Y	X	U	G	I
K	P	K	E	G	T	G	F	N	W	H	I	X	I	D
Z	N	R	A	L	X	D	F	R	B	O	N	W	L	I
G	B	S	G	S	Q	H	O	O	S	G	R	C	N	L
O	U	W	I	N	G	S	R	C	A	C	O	V	O	G
S	N	I	W	C	I	P	T	I	U	L	C	O	O	G
S	O	S	N	K	I	R	L	L	Q	O	A	F	M	E
A	G	S	U	L	H	T	E	A	F	U	G	V	X	N
M	W	F	F	V	D	U	S	T	W	D	E	L	I	A
E	M	T	V	H	P	N	S	E	T	S	P	U	W	J
R	S	Q	N	R	B	G	S	O	J	U	C	W	J	J
G	Y	T	C	V	V	D	U	C	E	A	L	D	X	G
U	N	I	G	L	K	F	H	T	Y	T	M	F	M	T

18 — Witches' Familiars

N	S	P	E	U	V	Y	M	A	K	S	I	C	U	A
A	L	Q	E	E	T	Y	Q	H	E	D	D	F	D	T
J	T	J	C	G	X	X	C	F	A	Q	D	F	A	S
L	I	I	S	I	N	G	R	Q	T	B	C	B	A	A
E	T	M	L	J	I	G	I	W	B	K	A	I	P	C
A	U	C	O	A	B	W	S	A	O	T	L	S	J	O
D	B	P	N	U	Y	X	D	T	H	E	Z	A	N	L
W	A	T	U	Y	R	L	M	A	D	T	U	L	I	Q
J	T	J	J	F	E	K	T	R	I	X	I	E	K	Q
O	I	E	R	Z	K	D	O	G	X	O	O	M	L	Z
O	U	N	X	L	C	C	Y	O	B	P	N	A	A	P
D	D	X	X	T	A	L	A	H	W	K	P	J	M	T
R	V	S	Z	E	H	I	D	N	V	T	U	O	I	D
J	X	N	R	C	T	A	K	E	X	Q	V	S	R	A
H	W	I	L	L	O	W	M	Y	P	L	W	F	G	U

Solutions

19 — A Dragon's Life

20 — Celebrations!

21 — Deer Friends

22 — Under a Spell

23 — Star Bright

24 Beach Party

25 Magical Creatures

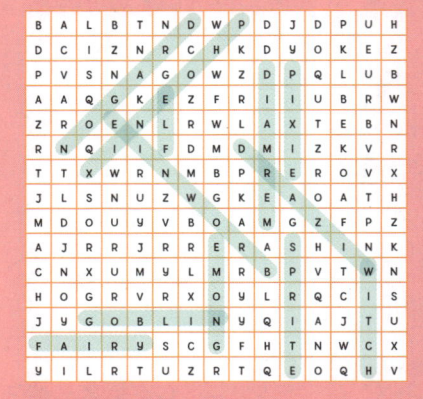

26 Herbal Magic

27 Fairground Rides

28 Showtime